¡Los veo, los veo!

por Carlos Ulloa • ilustrado por Mary Sullivan

Destreza clave Sílabas con *ge, gi*
Palabras de uso frecuente *veo, familia*

Scott Foresman
is an imprint of

PEARSON

Somos gemelos.

Él es Genaro.

Ella es Gisela.

Veo un gigante en la laguna.

No, no es un gigante.

El gigante es Casi.

Veo girasoles gigantes.
Toma el girasol gigante para Abuela.

Mira los gemelos.

Sí, los patitos son gemelos.

—Los veo, los veo —dijo Genaro.
—Gemelos como tú y yo —dijo Gisela.

¡Come tu comida patito!
¡Come tu comida patita!
¡Coman gemelos!

Mira la familia.

Mira toda la familia.